ESPRESSO

WALTER VOGEL

ESPRESSO

CAFFÈ-BARS
IN ITALIEN

Edition Christian Brandstätter

Meiner Nichte Sigrid gewidmet

INHALT

DIE BAR

SCHNÖDER CAFFÈ-AUSSCHANK ODER MITTLERIN ZWISCHEN WELTEN?

Nach anstrengenden Stunden auf regennasser Straße, vorbei an wolkenverhangenen Dreitausendern, hat der *doganiere* mit lässiger Handbewegung die Fahrt Richtung Po-Ebene freigegeben. Es ist bereits dunkel, als das erste Hinweisschild einer Tankstelle auf italienischem Boden auftaucht. Zwei Lastzüge parken, Zapfsäulen und Bars sind nur spärlich beleuchtet. Im kalten Neonlicht stehen einige Männer an der Theke, rauhe Kerle in Monteuranzügen über karierten Hemden. Es sind offensichtlich die Fahrer jener Ungetüme, die sich, taub von den Vibrationen der schweren Diesel, einen „kleinen Drink" genehmigen, um die abgestorbenen Gehirnzellen ins Leben zurückzurufen. Als der Fremde eintritt, verstummt das Gespräch, und die Gestalten versinken hinter ihren Tassen. Einer steckt sich eine Zigarette an, pafft gedankenverloren in den Raum. Umso unverhohlener wird der neue Gast taxiert, der leicht benommen von der langen Fahrt seine Bestellung macht. Un caffè!

Schon der Duft belebt! Gierig wird die goldbraune Flüssigkeit durch die Zähne gesaugt. Es zischt geradezu auf der trockenen Zunge. Der Rest explodiert am Gaumen. Kaskaden umspülen die Gurgel, jagen als Sturzbäche den Schlund hinunter, um in Sekundenschnelle den Magen aufzuheizen. Ein wohliges wärmendes Gefühl verbreitet sich, und gleich einer Injektion schießt ein Stoß durch das Blut, das den müden Körper mit neuen Energien versorgt.

Von Verona nach Rom, über den Apennin, durch die lieblichen Täler der Toskana bis in den südlichsten Zipfel Italiens, vom Ligurischen zum Adriatischen Meer, zu Giottos Bildern und Verdis Musik führt die Fahrt über das feingesponnene Netz der Caffè-Bars. Auch in den abgelegensten Gebirgsdörfern braucht der Reisende nicht auf eine Erfrischung zu verzichten: Die Bar ist allgegenwärtig, und in Zonen pulsierenden Lebens scheinen sich Straßen und Plätze in ein einziges Kaffeehaus verwandelt zu haben.

Links:
Florenz, Gran Caffè Gilli: Terrasse zur Piazza della Repubblica.

Rechts:
Der Barraum.

Links:
Nirgendwo auf der Welt wird aus dem Rohprodukt Kaffee mehr herausgekitzelt, aus dem Gemahlenen ein dichteres Aroma gezüchtet, das Bitter-Süße, das Aggressive mit dem zarten Schmelz raffinierter zu einem weichen, vollen Geschmack gemischt als in diesem Land.

In Europa wurde zum ersten Mal wahrscheinlich in Italien Kaffee konsumiert. Es entstanden erste Kaffeehäuser – 1647 in Venedig, 1652 in London, 1672 in Paris, 1679 in Hamburg und 1683 in Wien. Im 18. Jahrhundert begann sich in Italien eine Anzahl sogenannter Caffè-Bars zu instituieren. Eine Urkunde des Jahres 1760, Briefwechsel zwischen Kunden aus dieser Zeit beglaubigen das Geburtsjahr des Caffè GRECO in Rom. Ein gewisser Goethe beliebte dort zu verkehren.
Seither muß geheimer Ehrgeiz die Phantasie der Barbesitzer beflügelt haben, ihren Raum so individuell wie nur möglich zu gestalten: vom metallkühlen Design bis zum stilvollen Ambiente des 19. Jahrhunderts; Interieurs, die einem Museum zur Ehre gereichen. Doch alle haben sie eines gemeinsam: vor verspiegelten Wänden, die die Illusion eines großen Raums vermitteln, sind im Hintergrund gewichtige Kolonnen magisch beleuchteter Flaschen aufgereiht. Giftgrün oder honigblond, wasserhell oder dunkelrubin repräsentieren sie das bemerkenswerte Spektrum südländischer Liköre, Schnäpse und Aperitifs. Im Zentrum des Raumes, im Mittelpunkt jener Kultur sozusagen, thront die Espressomaschine, die wohlige Wärme und Geborgenheit vermittelt.
Ein Wunderwerk der Technik! Launisch wie eine Diva, will die Espressomaschine gehätschelt, von sachkundigen Händen gehegt und gepflegt sein, um gnädigerweise die gewünschte Leistung zu erbringen. Ein normaler *caffè* gerät nämlich auch in Italien so unterschiedlich, wie es Bars in diesem gelobten Land gibt. Spitzenqualität, ein *caffè* mit fünf Sternen sozusagen, ist rar genug, und auf einer zweiwöchigen Reise hat man sich damit zu begnügen, vielleicht vier- oder fünfmal auf den absoluten Genuß zu kommen.
Umso groteskere Züge nimmt die Jagd nach einem solchen Erlebnis an. Nichts ist deprimierender als mittelmäßiger *caffè,* dessen fade, schwarze Brühe an das heimatliche Getränk erinnert. Ein Streifzug durch die morgendlichen Gassen der Altstadt von Padua, mit der Nase voran, selektiert zunächst und bewahrt vor groben Enttäuschungen. Wie ein Spürhund, der die Fährte aufnimmt, schnuppert und schnüffelt das bereits trainierte Riechorgan. Wie auf ein geheimes Zeichen strafft sich die gebeugte Gestalt, belebt sich ihr schleppender Gang. Geradezu obszön sticht der Geruch frisch gebrannten *caffès* in die Nase. Vor ZANELLATO in der Via dei Fabbri hat sich eine Duftwolke ungewöhnlicher Qualität versammelt, betäubend und verführerisch zugleich. Nicht nur aus der Tür, aus allen Ritzen und Fugen tanzen die Kaffeeteufelchen.
Beobachtungen über den Tassenrand hinweg werden gratis mitgeliefert. Ein altes Männchen löffelt gierig seinen *cappuccino.* Von Mal zu Mal tunkt er Zwieback ein, an dem er genüßlich saugt. Ein feiner Signor mit sorgsam gefaltetem Taschentuch im beigefarbenen Jakkett, mit gepflegt gestutztem Schnauzer und straff nach hinten gekämmtem grauen Haar, das sich nur über dem makellosen Kragen eine leichte Welle gestattet, hat sich in seine Morgenzeitung vertieft und trinkt geistesabwesend seinen *caffè.* Schon während der Mittagszeit und zum Abend hin verwandelt sich der Ort gewöhnlicher Nahrungsaufnahme in eine Arena beeindruckender Wortgefechte und geistreicher Selbstdarstellung. Auch Amt und Würde einer Person und ihre vermeintliche Gewichtigkeit entscheiden über Bar und somit Publikum, das den gewünschten Applaus garantiert. Nur dem Schneider und Friseur ist es sonst noch vorbehalten, das Ohr so dicht am Volk zu haben wie der Stammgast einer Bar.
Es gibt Bars von einer Schönheit, die einem den Atem verschlägt – prunkvoll wie Fürstengemächer, in denen man alles Mögliche, nur keinen schnöden *caffè*-Ausschank vermutet. Veränderungen im gesellschaftlichen Verhalten, insbesondere nach dem letzten Krieg – die

Glanzzeit der großen Kaffeehäuser um die Jahrhundertwende gehört der Vergangenheit an – machen insbesondere den Gran Caffès das Leben schwer. Es grenzt an ein Wunder, daß diese nicht als Museum gedachten, sondern zweckgebundenen Objekte bis zum heutigen Tag zu besichtigen, ja zu benutzen sind. Die kleine Bar oder die Wohnstube ersetzen die Orte früheren Glanzes, Sendezeit der Krimis oder der Frohsinn des Quizmasters verdrängen die Geselligkeit der exklusiven Treffs.

Unten:
Genua, Caffè-Pasticceria Klainguti.

Oben:
Verdi, der mit seinen Freunden dort Stammgast war, hinterließ ein handgeschriebenes Dokument, das dem Komponisten Witz und Bescheidenheit bescheinigt: „Ihr Falstaff [ein spezieller Kuchen des Hauses] ist besser als der meine! Ihr ergebener Giuseppe Verdi."

Siena, Caffè Pasticceria Nannini. Die älteste der drei Nannini-Bars in Siena liegt vis-à-vis der ältesten Bank der Welt – der Monte dei Paschi di Siena.

Als nicht mehr typisch für die klassische Caffè-Bar, leider aber oft typisch für das heutige Italien und von Insidern naserümpfend als Rummelplatz für Touristen abgetan, gilt das 1733 erbaute Gran Caffè-Pasticceria GILLI an der Piazza della Repubblica in Florenz.

Dennoch – um es gleich vorweg zu sagen – besitzt der *caffè* im Gilli jene einsame Spitzenqualität, die nach dem ersten Schluck die Pupillen in drehende Bewegung versetzt, bis sie hoch oben an der Decke ihren imaginären Ruhepunkt finden. Kostbare Ausstattung, edle Hölzer, poliertes Messing, gravierte Gläser, facettierte Spiegel ringsum. Gegossene Zuckerdosen stehen schwer und bauchig wie silberne Schwäne auf der breiten Marmortheke. Wechselndes Sonnenlicht flutet durch die Markisen, malt Streifen an die Wand, bricht sich in den kristallenen Lüstern und der antiken Uhr über dem Portal der *Saletta*. Verachtung aus tiefster Seele möge den Besucher treffen, dem nicht ein ehrfürchtiger Schauer über den Rücken läuft, wenn er seinen Fuß über diese Schwelle setzt. Eintritt sollte hier erhoben werden.

Turbulente Szenerie: ein rotschopfiger, krebsrot gebrannter Engländer irrt hilflos durch den Saal. Er will einfach nicht begreifen, daß er seine Limonade erst an der *cassa* zahlen muß. Ein Mann schlabbert stehend an der Bar einen Teller Spaghetti und gurgelt eine Dose Bier hinterher. Eine „weltgewandte" Dame stemmt ungeniert ihre Ellenbogen auf die Theke, umklammert beidhändig das Kaffeetäßchen, als sei es ein Napf, und spreizt den kleinen Finger ab. Fellinis Geister, ein Hauch von Dekadenz? Ein Transvestit tänzelt durch die Tischreihen auf der Terrasse und schäkert mit dem Kellner. Sein Auftritt – rare Extravaganz! „Wir müssen jedes Publikum akzeptieren", vermerkte bitter der Oberkellner Mario Delvecchio. „Weder italienische noch ausländische Besucher schenken der Schönheit dieser Räume Aufmerksamkeit. Früher waren hochgestellte Persönlichkeiten das Aushängeschild einer Bar, es gab reservierte Plätze für den Arzt, den Rechtsanwalt...."

„Man muß einfach Zugeständnisse an das Volk machen", murmelt auch Signor del Rosso. „Leider gibt es nur wenige Menschen, die klassisch denken." Noch kann es sich der Geschäftsführer von DONEY, einer ehemaligen Apotheke aus dem 17. Jahrhundert in Florenz, heute exklusives Restaurant mit exquisiter Bar, leisten, Leute abzuweisen, die Noblesse abzuschirmen, Principessa, Duchessa, „bella gente", die „Reichen und Kultivierten" unter sich zu behalten. „Doch der Adel verliert, vielleicht kann auch ich es mir bald nicht mehr leisten, einen Grafen zwei Stunden beim Espresso sitzen zu lassen ..."

Das Caffè San Carlo in der Via del Corso, im Herzen der römischen Geschäftswelt, ist ein fabelhaftes Beispiel für die Ausnutzung von Räumlichkeiten. Caffè-Pasticceria, Luncheonette, Crêperie – ein Angebot für jede Gelegenheit und über die Stammkunden hinaus. Signora Raffaela Falcioni, die Eigentümerin: „Der caffè macht etwa 30 Prozent des Umsatzes aus. Er läuft ja das ganze Jahr und zieht das andere mit sich."

Bars hier, da und dort – angesichts der verschwenderischen Fülle örtlicher Möglichkeiten auf die Gründe der magischen Anziehung einer ganz bestimmten Bar angesprochen, stellt sich ein Befragter zunächst taub und gibt bei weiterem Nachforschen höchst widerwillig einige Belanglosigkeiten zum besten. Möglich, daß derlei Geheimniskrämerei mit der allgemeinen Spielleidenschaft zusammenhängt oder mit der Ehefrau, vor der man sich an einem abgelegenen Ort und unter seinesgleichen sicherer fühlt. Zumindest trifft man dort seine „Freunde", den Bildhauer Alvaro in Fermo etwa, der allmorgendlich eine gehörige Strecke an mehreren Bars vorbeistiefelt, um bei Luigi, einem kleinen Betrieb wie tausend andere, seinen *caffè* zu nehmen. Seine Argumente sind eigentlich mehr die eines Mannes, der sich über die hausfraulichen Qualitäten seiner Frau wohlwollend äußert. Luigi sei trotz der allseits bekannten Qualität seines *caffès* freundlich und bescheiden geblieben. Alles sei bei ihm sauber und appetitlich, die Tassen hätten keine Ränder, das Geschirr rieche nicht. Zudem wertet Alvaro scheinbare Kleinigkeiten: vorsorglich wird die Morgenzeitung geklammert, damit die Sportseite auch dem späteren Gast nicht verlorengeht; das Gebäck wird nur schubweise nach vorne geholt. Und immer ist jemand da, denn die Signora hilft. Eine Pause gönnt man sich allenfalls fürs Essen „zwischendurch".

Freund Carlo wiederum ist bereit, auf dem Weg zu seiner eigenen Bar frühmorgens einen Umweg von zwei Kilometern zu fahren. Irgendwo auf dem Land kennt er eine „gute Stelle", wo er sich den allerersten *caffè* genehmigt. Mit seinen eigenen Gästen verfährt er besonders trickreich, so verrät er. Die ersten fünfzehn Tassen macht er fürs Volk, das meist *coretto* bestellt und dessen Geschmacksnerven keinen Protest mehr einlegen.

Zu welch unchristlichen Umgangsformen allerdings ein Briefträger fähig ist, der nach ungeduldigem Warten vor Carlos Bar seinen Zorn entlädt, möge folgende „Begrüßung" demonstrieren: „He, Carlo, Hund Gottes, endlich wach? Jeden Tag dasselbe, nicht einen Morgen vor mir da! Madonna ..."

Fermo, Bei Luigi.

Montalcino, Caffè Fiaschetteria Italiana.

Signor Ferroni Carli, Diplomat, erzählt, welche Beziehung der geborene Römer zum *caffè* hat: „Meine Eltern gingen jeden Sonntag ins Rosati an der Via Veneto. Da war ich fünf. Ich bekam ein Eis, manchmal einen Milchkaffee. Das ging so bis dreizehn, vierzehn. Dann begann ein anderes Leben: Freunde, Kino, ja, und Caffè, aber nicht als Fortsetzung der Tradition. Als Diplomat war ich lange Zeit im Ausland, zurück in Rom, bin ich gleich in ein bestimmtes Caffè geeilt, ins TAZZA D'ORO oder ins SANT'EUSTACHIO. Der Rhythmus des Lebens hat sich in den letzten Jahrzehnten verändert. Es gibt nicht mehr diese Kommunikation auf der Straße. *Caffè* trinkt man im Stehen. In Ruhe trifft man sich nur im Restaurant zum Abendessen, die Society in ihren Salons. Als ich klein war, konnte sich den Sonntagsausflug nur die Society leisten. Heute fährt jeder ein Auto, und viele besitzen ein Haus auf dem Land, fliehen aus der Stadt. So haben sich die schöne Attitüde dieser Zeit, das Habit, die Lebensgewohnheiten vollkommen verändert. Und der *caffè*? Wird immer schmecken. Das Aroma, der Geschmack, das, was auf der Zunge zurückbleibt, werde ich immer mögen. Die Wirkung ist belebend, nicht aufputschend – *una piccola frustatina* – eine kleine Peitsche ..."

Nicht nur den *caffè* zu testen und das Treiben um sich zu beobachten, sondern auch den Interieurs einer Bar seine Aufmerksamkeit zu widmen, kann sich zu einer wahren Leidenschaft entwickeln. Je mehr Touristik, desto amorpher die Ausstattung: Venedigs stark frequentierte Bars mittlerer Kategorie bieten dafür ein erschreckendes Beispiel. „Für jeden Geschmack etwas" – der verwirrende Cocktail aus Old Venice und Zutaten aus dem Allerlei der Welt mögen den Gast belustigen oder zu einer sarkastischen Bemerkung veranlassen, wenn zudem der *caffè* mindere Qualität aufweist.

So mag die Ausstattung des TAZZA D'ORO in der Nähe des Pantheons in Rom (vorzüglicher *caffè*) mit seiner eigenartigen Mischung aus Metall und Urwald ebenfalls zum Schmunzeln anregen: ein Holzäffchen baumelt von der Decke, eine Bambuswand, Säcke mit Rohkaffee deuten auf die Herkunft des braunen Saftes. Das Emblem des Hauses, ein südamerikanisches Mädchen als Stahlrelief, in modisch kurzem Röckchen, läßt Kaffeebohnen gleich Sterntalern auf die Welt niederrieseln, um die Allgegenwärtigkeit des Getränks zu symbolisieren. „Vengo da tutto il mondo – vado in tutto il mondo" – ich (die Kaffeebohne) komme aus aller Welt und gehe in alle Welt.

Futuristische Bars mit einem Look aus Spiegeln, Chromstahl und Neon sind die Ausnahmen, der Hang zum „Neoantiken" überwiegt. Ohne ein Stück aus imitiertem Edelholz geht es nicht. Und wie Toilettenanlagen mit neuem Luxus protzen, so trifft man neuerdings immer häufiger auf Bars, wie im abgelegenen L'Aquila oder im römischen Vorort E.U.R., die auf höchst feine Art ausgestattet sind: die Theke aus poliertem Granit – cool, adrett und anheimelnd zugleich. Vorbei jedoch die Zeit mit dem Hang zum Verspielten, zum sich wölbenden, polierten Metall wie einst bei der chromblitzenden Gaggia oder der kapriziösen Faema, deren neonbeleuchtete Rückfront dem nächtlichen Flanierer verheißungsvoll seinen Weg wies.

Oben:
Florenz, Caffè Gilli.

Unten
Ascoli Piceno, Caffè Meletti.

Das Caffè Meletti in Ascoli, bis 1902 zentrales Postamt, steht unter Denkmalschutz. Der Industrielle Silvano Meletti, Besitzer dieses herrlichen Caffès in dritter Generation, kann sich den immer teureren Unterhalt gerade noch leisten.

Im Meletti in Ascoli unterhält ein einziger Gast, sehr zum Leidwesen des Personals, das Lokal. Eine gute Stunde zuvor: Essen in einer Trattoria gleich um die Ecke. In der Küche regiert eine „Mama", deren Rundungen zeigen, daß auch sie ihre Kochkünste zu schätzen weiß. Eine Bedienung im weißen Kittel, so artig und doch so aufregend, hat schwarze Locken, einen stolzen Gang und mattglänzende Lippen, schwül und prall wie Seidenkissen. Zwei weitere Gäste der Trattoria, die während einer Stunde als Mahlzeit einige große Biere und zwei Flaschen Wein konsumieren, singen: „Mein Herz und meine Liebe singen von Paris und Josephine – non va finire per l'amore – es wird nicht in Liebe enden ... ". Anschließend im Meletti der vergebliche Versuch, per caffè wieder auf die Beine zu kommen ...

DER BARIST

FACHARBEITER AN DER ESPRESSO-MASCHINE

Einen Baristen als Fließbandarbeiter zu bezeichnen, ist ebenso widersinnig, wie einem Automaten Individuelles abzuverlangen. Gleichmäßige Qualität bei Hochbetrieb, und die Berücksichtigung der Verschiedenartigkeit seiner Gäste und deren Wünsche – *cappuccino* hier, *doppio* dort, *macchiato prego* und so fort – erfordern höchste Konzentration und Augenmaß. Auch im Streß ist die Maschine im rechten Moment abzuschalten, wenn die Füllung das Maß erreicht hat. Außerdem will die Espressomaschine sachkundig behandelt werden. Der Barist und seine Maschine – ein liebevolles Miteinander, in das der Gast erst Zugang finden muß.

So wird der erste Besuch einer Bar nicht nur vom wohligen Kribbeln der Vorfreude begleitet, sondern auch von berechtigter Sorge. Es kommt ja nicht von ungefähr, daß der Süchtige meilenweit läuft zu einer Bar, in der er sich des zu erwartenden Genusses sicher ist. Und wo er nicht gegängelt wird von den Launen des Baristen, von dessen Schwatz mit Kollegen oder von der deprimierenden Erkenntnis, daß dem Mann hinter der Bar die Sportzeitung, ja gar das Wienern der Theke wichtiger ist.

Die Maschine ist der produktionstechnische Mittelpunkt der Bar, der Barist der kommunikative. Er weiß so gut wie alles über seine Stammgäste, überhört ihre Prahlereien, überhört auch die Sorgen von Signor, dessen Nichte lieber die Disco statt die Kirche besucht. Betritt ein neuer Gast das Reich der Bar, wird zunächst sein Äußeres einer gewissenhaften Prüfung unterzogen, das Emblem des Hemdes, der Siegelring, die Farbe der Socken. Dem Touristen gar, der nach *caffè lungo* ausschaut und einen *doppio ristretto* bestellt, ist zu-

Rechts:
Genua, Caffè Klainguti.

Links:
Verona, Caffè Tres Corone.
Barist Sergio Tinazzi.

nächst ein spöttischer, abwägender, ja von unterschwelligem Zynismus beherrschter Blick sicher. Da gab es diesen an Jahren gereiften, professionell aussehenden Signor irgendeiner Bar in Spoleto, der einem sich empörenden Gast schwarzes Spülwasser auf die Theke stellte ... Mit Grimm, der die Seele zu zerfressen drohte, stürmte dieser mit ein paar Schritten in die nächste Bar: an der Espresso-Maschine eine blond gekräuselte Signorina, die besser in eine Diskothek zu passen schien! Doch siehe da, es geschah eines der Wunder in diesem wundersamen Land. Verzeih, kleine Antonella, wer konnte schließlich ahnen, daß gerade du einen göttlichen *caffè* bereitest!

Einiges zugute halten muß man den leidgeplagten Wesen an Orten des Tourismus. Jahrzehnte der Mißachtung stumpfen ab. Und eine Art Schicksalsergebenheit stellt sich ein, wo ausländische Besucher mit rüder Selbstverständlichkeit eigene Verhaltensweisen demonstrieren. In der kleinen Caffè-Bar an der Piazza rechts von Santa Croce in Florenz feixt der Kellner schon von weitem: „Coffee?" Und er spreizt Daumen und Zeigefinger auseinander. *„No Signor, un caffè, prego!"* Mit diesen Worten deutet nun der Fremde seinerseits die Größe eines Fingerhutes an. Verlegen grinst der Kellner. Denn Touristen glauben sich betrogen („Typisch Italien!"), wenn man allen Ernstes diese Zunge voll als Kaffee bezeichnet.

Die Entdeckung der Saison 90 war Michel, Barist des Caffè SAN CARLO in Rom, ein Magier seines Gewerbes. Signora Falcioni, seine Chefin: „Er besitzt die seltene Eigenschaft, seine volle Konzentration während der gesamten Arbeitszeit zu erhalten. Es ist eine Kunst, auch nach sechs Stunden noch die Tasse im richtigen Moment wegzuziehen." Michel, auf die Frage, ob Kunden ihrer Begeisterung über die Qualität seines *caffès* Ausdruck verleihen: „Niemand dankt. Das liegt nicht im Charakter des Italieners. Der meckert höchstens, wenn der *caffè* mal nicht so gut ist." Und was bewegt den Baristen, dennoch seinen Gästen tagtäglich einen Fünfsterne-*caffè* auf die Theke zu stellen? Da blitzt Fanatismus in seinen Augen, indes er sich nach vorne beugt: „Es ist einfach mein Charakter. Mein Charakter läßt mich meine Arbeit mit Liebe tun. Ich will es akkurat machen – ich habe ein inneres Verlangen danach!"

Rechts:
Florenz, Caffè Rivoire.

Links:
Spoleto, Canasta-Bar, Signorina Antonella.

Rom, Caffè San Carlo, der Barist Michel.

Willy Medok, Maestro dell'Espresso des Caffè Torinese in Triest, erfreut sich besonderer Wertschätzung. Eine Urkunde, gerahmt über der Bar, dient nicht zuletzt der Selbstdarstellung: „Dank an seine hohe Professionalität, Dank an seine unveränderte Aufmerksamkeit, was Qualität betrifft. Er genießt das ungebrochene Vertrauen einer anspruchsvollen Klientel!"

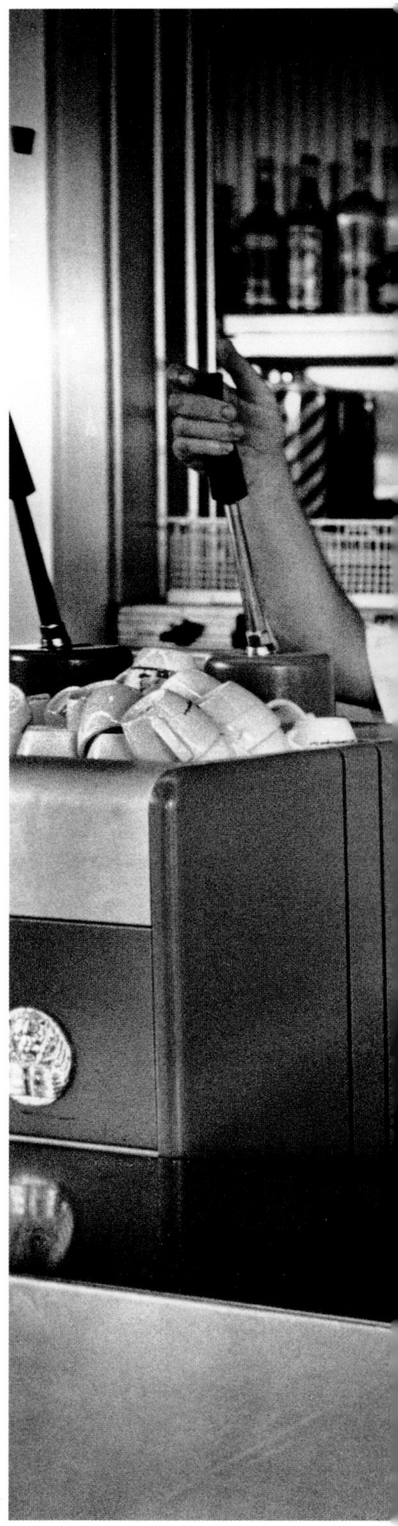

Rechts:
Superber caffè, wo man ihn nicht erwartet: Neapel, Stazione Centrale an einem Sonntagmorgen. Es ist August und die Stadt wie ausgestorben. Wer den Corso Umberto bei „Normalbetrieb" kennt, kann sich kaum vorstellen, daß an diesem Morgen mitten auf der Fahrbahn ein Picknick hätte stattfinden können. Die Chance für ein Gruppen-Photo der sonst überbeschäftigten Baristen.

Links:
Caffè am Fließband, rund um die Uhr. Caffè in Pappbechern – die amerikanische Wegwerfkultur zieht auch am italienischen Horizont auf. Die Zugabe des Zuckers wird geregelt durch eine Neukonstruktion, die nur in einer Stadt geboren sein kann, in der Diebstahl lange Tradition hat: hinten an einer Schiene befestigt, seitlich verfahrbar, vorne ein Drehkreuz, das den Zucker dosiert. Zielen!

DER CAFFÈ

ENDSTATION EINER LANGEN REISE

Deutscher Kaffee ist dünn, das Wasser läuft ohne Druck durch ein Kaffeefilter. Italienischer *caffè*, Espresso genannt, wird mit der Espressomaschine unter hohem Druck hergestellt, ist von cremiger Konsistenz, aromatisch im Geschmack. *Caffè* und Kaffee – da die Bar, dort die Konditorei – repräsentieren verschiedene Lebensstile. Schon die Bohnen unterscheiden sich in Auswahl, Mischung und Röstung. Signora Falcioni verrät die Kreation ihres Mannes, die kompliziert und raffiniert zugleich ist und die Basis darstellt für die außergewöhnliche Qualität im Caffè SAN CARLO in Rom. Signor Falcioni mischt „Santos Alfa", „Costa Rica Pacifico" und „Keniaa" sowie „Côte d'Ivoire" (10 Prozent). Letzterer erzeugt in Verbindung mit dem „Keniaa" die Creme, während der „Keniaa" in Verbindung mit dem „Santos" für die Würze sorgt.

Nach dem Mahlvorgang muß der Kaffe auf dem kürzesten Weg in die Tasse gelangen. Dies ist eine wesentliche Voraussetzung, die gern übersehen wird: beim Mahlen explodiert das Aroma, das sich so schnell wie Parfum verflüchtigt. Haben sich alle diese Voraussetzungen erfüllt, schmeckt *caffè* feuriger als Wein, spritziger als Sekt, explosiver als Cognac. Gerät er im optimalen Zustand auf die Zunge, leicht wie eine Schneeflocke, die sich für einen Moment in einen feurigen Blitz verwandelt – dann, und nur dann, ist dieses Getränk in die Zonen göttlichen Genusses entrückt.

Die Einstellung der Kaffeemühle und damit der Körnung ist ebenfalls von Wichtigkeit. Auf die Nuance kommt es an! Ist die Luft feucht, muß gröber gemahlen werden, das gemahlene Pulver neigt sonst zum Kleben, was den Wasserdurchlauf erschwert; bei trockener Luft muß fein gemahlen werden – das Wasser schießt sonst zu schnell durch das Sieb, der *caffè* wird dann dünn und zu heiß. Häufig wird auch an der Menge gespart oder das Sieb mit dem Stempel nicht richtig gepreßt. Der *caffè* neigt in diesem Fall dazu, „nach hinten wegzugehen", das heißt, die Creme verflüchtigt sich zu schnell, und der zweite Schluck schmeckt schon dünner. Die Art und Weise, wie das Häufchen Zucker von der cremigen Substanz getragen und langsam aufgesaugt wird, um mit einem stillen Seufzer zu versinken, ist eine wichtige Vorprüfung, bevor der Gaumen an der Reihe ist.

Das entscheidende Gütezeichen der Creme sind Farbe und Konsistenz. Die Creme muß goldbraune Färbung aufweisen und eine geschlossene Decke, die sich auch nach heftigstem Umrühren des Zuckers von selbst wieder schließt. Auch die Art und Weise, wie der *caffè* aus dem Röhrchen blubbert, verrät dem erfahrenen Baristen, ob Kaffeepulver und Wasser eine möglichst innige Verbindung eingegangen sind. Letztendlich hat nach Genuß ein Rest Creme am Inneren des Tassenrandes haften zu bleiben. Creme, die keine ist und gelblichweiß auf dem *caffè* schwimmt, gar als Schaumbläschen, die eher Fettaugen gleichen, hat umgekehrt ihre Ursache in der Fehlerhaftigkeit einer oder mehrerer oben genannten Komponenten.

Abgesehen von diesen Voraussetzungen ist die richtige Temperatur, mit der der *caffè* die Zunge kitzelt, ein Merkmal für den Kenner. Dazu gehört konstante Betriebstemperatur der Maschine, die wiederum guten Umsatz voraussetzt. Sie muß „laufen", was erklärt, daß stark frequentierte Bars in Bahnhöfen oder Raststätten meist exzellenten *caffè* anbieten, während in kleineren Bars die Maschine zu oft abkühlt. Die Tasse, nicht zu dick- und nicht zu dünnwandig, wird vorgewärmt, die Raumtemperatur sowie das Mengenverhältnis des Zuckers zum *caffè* (wenig Zucker!) spielen ebenfalls eine Rolle. Schließlich hat das Getränk sehr gut warm, keineswegs brühheiß auf die Zunge zu geraten. Auf der Terrasse dient der *caffè* lediglich dem Verlangen, die müden Beine unter den Tisch zu stecken. Bis er vom Kellner serviert wird, ist er meist schon kalt.

Nicht zuletzt obliegen Zustand und Handhabung der Maschine dem Baristen. Technische Ausführung und allgemeiner Zustand sind von großer Bedeutung. Mangelhafte Wartung, undichte Kolben, schadhafte Dichtungen verringern den Druck und damit die Fähigkeit, das volle Aroma aus dem gemahlenen Kaffee zu pressen. Ein neues Gerät sollte erst eingefahren werden, damit nach und nach alle mit dem Kaffee in Berührung kommenden Teile vollkommen das Aroma annehmen. Auch die Wasserqualität spielt eine Rolle. So wird behauptet, der *caffè* sei in Neapel deswegen der beste, weil vorzügliches Quellwasser zur Verfügung steht. Abgesehen davon sind auch die Konsumenten in Neapel pingeliger als sonstwo in Italien. Die Gruppe derer,

Rom, Caffè Tazza d'Oro. Giovanni überprüft Qualität und Eigenschaft des Kaffees am Geruch der gerösteten Bohne.

die nach Absolutem streben, so lästert man, sei sowieso nicht groß. Zudem wird der *caffè* je südlicher um so schwärzer gebrannt, goldbraun in Florenz und schwarzbraun in Neapel.

In der Tat ist *caffè* neapolitanischer Bars sehr schwarz, zudem ungewöhnlich heiß, da hier als regionale Besonderheit die Tassen in einer flachen Zinkwanne voll kochendem Wasser vorgeheizt werden. Hingegen ist in Kalabrien oder auch Sizilien *caffè* mit dem weichen, aromatischen Schmelz der Florentiner keine Besonderheit. Richtung Nord ergibt sich traditionsgemäß ein umgekehrtes Gefälle – in Verona ist die *caffè*-Welt noch in Ordnung. Ein paar Kilometer weiter nördlich überquert der Reisende den *caffè*-Äquator, der sich in star-

kem Schwung nordwestlich in Richtung Schweiz dreht. Schon das Caffè GARIBALDI in Vicenza ähnelt wie die Kaffehäuser in Bozen immer mehr einer Konditorei, der *caffè* mehr österreichischer Machart.

Caffè wird auch mit dem Zusatz *corto*, kurz, also stärker – oder auch *lungo*, lang und etwas dünner, bestellt. Regional unterschiedlich ist auch *ristretto* gebräuchlich: Der Kunde wünscht einen besonders komprimierten *caffé*, der Barist stopft das Sieb noch fester, benutzt beim *doppio* die beim großen Sieb vorgesehenen zwei Ausläufe für nur eine Tasse. Ein *doppio ristretto* ist die absolute Krönung! Für den Morgen empfiehlt sich *caffè macchiato*, mit Milch, um den Magen zu schonen. Wer reinrassigen *caffè* bevorzugt, dem sei ein Glas *acqua minerale* empfohlen, mit wenig Kohlensäure, genau temperiert – auf keinen Fall eiskalt. Eine köstliche Erfrischung! *Caffè coretto*, mit einem Schuß Alkohol, je nach Geschmack Ramazotti, Grappa, Fernet Branca oder Anisschnaps, ist eine beliebte Unsitte, die den Geschmack und die Gesundheit ruiniert.

Die Frage nach der Verträglichkeit und dem zulässigen Quantum pro Tag gibt Anlaß zu ernsthafter Diskussion. Der *caffè* nach dem Essen ist heilig. Er hinterläßt einen guten Geschmack und fördert die Verdauung, sagt man. Und darüber hinaus? Sind fünf Tassen zuviel? Höchstens drei, schwören Männer mit entsprechender Erfahrung. Ältere Signori greifen sich vielsagend ans Herz und recken den Daumen: nur noch einen.

Böse Zungen behaupten, in Italien sterbe es sich schneller, doch angesichts der schönen Friedhöfe auch leichter als anderswo. Mancher Signor wisse genau, daß in der kleinen Bombe *caffè* ein Zeitzünder tickt. Anstatt daß nun der Dahingeschiedene artig die Hände über seiner Brust gefaltet hält, umkrampft er eine *caffè*-Tasse, um im Jenseits seinem Laster weiter zu frönen. Ein in Marmor gemeißelter *caffè*-Trinker, der in seiner letzten Stunde an der Bar lehnt, ist allerdings noch auf keinem *camposanto* gesichtet worden.

Oben:
Der Zucker bringt es an den Tag ...

Links:
Florenz, Caffè Rivoire – ein caffè-Auslauf, der Qualität verspricht – goldbraun und von fetter, sämiger Konsistenz.

ZONA
DEL
NORD

Stresa am Lago Maggiore, Piscina des Hotel La Palma.

Stresa am Lago Maggiore, Grandhotel Des Iles Borromées. Fabio Padulazzi bedient seine Gäste im Foyer: „Hier in der Piano-Bar ist erst nach dem Essen Betrieb. Wegen der ausländischen und meist älteren Gäste wird der caffè vornehmlich lungo bestellt."

Links:
Stresa am Lago Maggiore,
Lido Blu-Bar.

Rechts:
Stresa am Lago Maggiore.
Dem cappuccino in der Gigi-Bar wird die verquirlte Milch nebst einer Prise gemahlenen Zimts in Form einer Pfauenfeder beigegeben – Signum der exotischen Vögel auf der Isola Bella, die im Hintergrund des Photos auf der linken Seite aus dem Lago Maggiore ragt.

VINI FINI

Oben:
Bergamo-Alto, Caffè-Pasticceria Cavour, Signor Sponza und Signora Silvana.

Links:
Überraschender Einblick in das Caffè Cavour in der Via Gombito.

Links:
Mailand, Caffè Camparino in der Galleria an der Piazza del Duomo.

Oben:
Mailand, der Dom.

Oben:

Alassio, Piccolo Bar an der Strandpromenade.

Rechts:

Turin, Bar Zucca di Brizio, Via Roma.

ZUCCA
ZUCCA

Oben:
Turin, Caffè Torino, Piazza San Carlo.

Links:
Turin, Caffè Mulassano.
Seine Geschichte beginnt in der zweiten Hälfte des 19. Jahrhunderts mit der Eröffnung des Caffès in der Via Nizza durch Amilcare Mulassano. Anfang des 20. Jahrhunderts wurde das Caffè an die Piazza Castello verlegt.

Die Gebrüder Catella aus Turin lieferten die Marmore: Rouge de Var, Onyx aus Numidia, alpengrünen Onyx aus dem Piemont, roten und kaisergelben aus Frankreich. Die Firma Fumagalli & Amerio aus Turin bereicherte diese durch Blumenverzierungen in Bronze. Das Caffè Mulassano, exklusiver Treffpunkt der Honoratioren des königlichen Hauses und der Künstler des nahen Teatro Regio, wurde später, als Fernsehen und Kino entstanden, Treffpunkt von Schauspielern, Regisseuren und Sängern. Während der Kriegszeit wurde es beschädigt, wodurch Veränderungen erforderlich wurden. Diese störten die Harmonie des Raumes, deshalb veranlaßte der jetzige Besitzer 1978 eine sorgfältige Restaurierung, die dem Caffè den ursprünglichen Glanz zurückerstattete.

Turin, Caffè San Carlo –
Il salotto di Torino, das
„Wohnzimmer" Turins.

*San Remo,
Cordon-Rouge-Bar,
vis-à-vis vom Casino*

Genua, an der Piazza Acquaverde, Stazione Principe.

Rechts:
Genua, Bar Splendido. Ein filmreifes Ambiente. Kulisse für „Profumo di donna“ – Vittorio Gassmann spielt einen blinden Offizier, der Genuas Damenwelt am Parfum erkennt. Die Rückfront ziert ein monumentales Ölgemälde eines jungen Genueser Künstlers.

Links:
Genua, das ehemalige Caffè Fossatello.

Unten:
Genua, Via di Prè.

Wer Genua als schmutzige Stadt bezeichnet, wird sich wundern, wie sauber Restaurants, Bars und Geschäfte sind, ausgestattet mit modernsten Geräten. In Pippos Bar verschwinden Tassen in einer Spülmaschine, und Löffel werden nicht, wie man vielleicht argwöhnt, unter einen tröpfelnden Wasserhahn gehalten und mit dem Daumen nachpoliert.
„Bar Pippo" steht über dem Eingang der kleinen Bar in der Via del Campo in Genua wie auch eingraviert auf dem Deckel der Zuckerdose, die sich nach Anheben des Löffels automatisch öffnet. Auch am Ostersonntagmorgen grüßt Pippo wie immer ein wenig verdrießlich. Trotz moderner Ausstattung wirkt seine kleine Bar in der Nähe der Stazione Principe gemütlich. Als es nach Jahren stummer Verehrung den Besucher zu einem Kompliment drängt: „Pippo, seit zehn Jahren bin ich hier Gast, Ihr caffè ist phantastisch", kommt ungerührt die Antwort: „Ich weiß."

leria
INTERURBANO
AUTOMATICO
74
BEVETE
Coca-Cola
BAR
FEST
dell'U
al C

Coca-Cola
CASSA

Links:
Genua, die Pasticceria-Liquoreria Marescotti in der Via S. Luca ist 200 Jahre alt geworden. Der Innenraum des Geschäfts blieb original erhalten, auch die Madonna an der Decke, eine Nachbildung aus den Uffizien. Die Familie, die auf das 13. Jahrhundert zurückgeht, entwickelte sich in den ersten Jahrzehnten dieses Jahrhunderts zu einem Großunternehmen in Sachen Süßwaren. Feingebäck und Konfektspezialitäten wurden direkt über dem Laden in der ersten Etage hergestellt. Außer der großen Familie gab es zehn Angestellte. Ein Rätsel, wie die alte Dame in den letzten Jahren ohne Hilfe zumindest einen Teil des traditionellen Betriebes aufrechterhalten konnte.

Oben:
Signora Marescottis Platz hinter der Theke ist heute verwaist. 80 Jahre ist sie alt geworden, diese geschwätzige Dame mit den widerborstig weißen Haaren im Mundwinkel, den lustig funkelnden Augen, den ausgebleichten Armen, die sie, um ihre heraussprudelnden Worte zu unterstreichen, gestenreich gegen die Decke warf. Von morgens sieben bis abends neun sah man sie im Vorbeiflanieren mit Ausnahme der Mittagspause hinter der „Cassa" auf einer herausgezogenen Schublade hocken, allein in ihrem Prunkraum – meist ohne Kundschaft – trotzig ausharrend, mit der stillen Resignation eines Kapitäns, der sein Schiff untergehen sieht.

Genua, Caffè-Confetteria Romanengo, Pietro fu Stefano. Gegründet 1870 – etwa zur gleichen Zeit wie Marescotti – war diese Confetteria Synonym für raffiniertes Konfekt. Auch der Name Romanengo ist mit Giuseppe Verdi verbunden, der nicht nur ein paar Schritte weiter bei Klainguti eingekehrt war und deren „Falstaff" gelobt hatte. Süßigkeiten waren offensichtlich unwiderstehlich für ihn – ein Brief verrät einmal mehr seine Leidenschaft: „Ich habe nie gewußt, daß Romanengo so exquisite kandierte Früchte herstellt!"

Links:
Triest, Caffè Tommaseo, Detail der Bar nach der Renovierung.

Triest verfügt über eine der vielseitigsten Barlandschaften, deren Gran Caffès geprägt sind von der Tradition Wiener Kaffeehäuser.

Unten und Rechts:
Triest, Caffè San Marco.

Oben:
Venedig, Gran Caffè Chioggia.

Links:
Venedig, Piazza San Marco.

58
FLORIAN

*Venedig, Caffè Florian.
Heute wie einst sind die Qualität der Erzeugnisse und das Vergnügen, in einem der schönsten Salons der Welt zu sitzen, zwei der Hauptmotive, die das Caffè zu einem international bekannten Lokal machen. In den beinahe drei Jahrhunderten seiner Existenz war es stets auch ein beliebter Treffpunkt für Künstler und Dichter, Schriftsteller und Politiker. Vergangenheit und Gegenwart treffen sich täglich an den Tischen.
Selbst illustre Persönlichkeiten im Reigen prominenter Besuche fallen nicht weiter auf. Sartres Stammplatz? „Wie soll ich das wissen", entrüstet sich der Geschäftsführer, „in der Vergangenheit sind alle Größen ihrer Zeit einmal über diese Schwelle getreten."*

Venedig, Gran Caffè Quadri, Piazza San Marco. Kaffeehausmusik im Dreivierteltakt- und Wechseltakt, je nach Stand der Sonne, der Tages- und Nachtzeit – so stehen sie sich gegenüber, die Kaffeeinstitutionen Florian und Quadri auf dem Markusplatz.
Quadri, so sagt die Legende, soll 1725 als erstes Lokal seinem venezianischen Publikum türkischen Kaffee serviert haben. Die Mode, Kaffee zu trinken, breitete sich im Venedig des 18. Jahrhunderts dermaßen aus, daß sich allein auf dem Markusplatz acht Cafeterien etablierten. In der ersten Hälfte des 19. Jahrhunderts wurde das Quadri bevorzugter Treff österreichischer Beamter und Militärs, während im Florian die italienischen Patrioten verkehrten. Und was die Prominenz seiner Besucher über die Jahrhunderte betrifft, so haben sich auch hier nicht eben die Gondolieri ins Gästebuch eingetragen: von Stendhal bis Dumas, von Proust bis Wagner waren es die Großen ihrer Zeit.

AN CAFFE

WHISKIES
BOLS
PIMM
RICARD

Links:
Venedig, Harry's Bar.
Gegenüber der Kirche Santa Maria della Salute, unmittelbar an der Anlegestelle der Stadtboote, verbirgt sich Harry's Bar hinter vergitterten Fenstern und Milchglasscheiben, die das weiche, venezianische Licht noch weicher machen. Meist angelsächsisches Publikum, aber auch italienische Hautevolée, drängt sich vor Mittag durch die nur schwer zu öffnende Schwingtür an die Bar. Signor Ponzio mixt den Longdrink Bellini: „Fresh peaches and Italian Prosecco".

Unten:
Punta Sabbioni, Lollo-Bar.
Die Bar ist an der Dampferanlegestelle der Linea 14 (Bild links unten) Richtung Venedig gelegen. Giuseppe und Ehefrau Mariuccia haben während der Saison alle Hände voll zutun, das durchströmende Volk mit Bier und Pizza, Caffè und Kuchen zu versorgen. Von der überdachten Terrasse, unter deren Bohlen das Wasser plätschert, kann man bei einem Doppio in aller Ruhe das Ein- und Auslaufen der Dampfer beobachten.

Padua, Caffè Pedrocchi.
Der Barraum des historischen Gebäudes. Abgesehen von den Prunkräumen der oberen Etage, die nicht begehbar sind, befinden sich links und rechts vom Barraum zwei lichtdurchflutete Flügel mit komfortablen Sitzgelegenheiten, deren Ostflügel in einer überdachten Terrasse endet. Während sich rechts an der Bar hinter der Cassa ein Durchgang zum Festsaal öffnet, der in die große Terrasse auf der Westseite mündet, wird an der Ostflanke des Gebäudes eine zusätzliche Bar betrieben.
Um 1799 erbte Antonio Pedrocchi von seinem Vater das Geschäft. Als Vorläufer des modernen „Selfmademan" hatte er die Idee, der Stadt Padua ein elegantes, kulturelles Monument zu errichten.
Um 1817 war es ihm gelungen, den übelriechenden Fischmarkt zu verlegen, und 1826 begann er, die umliegenden alten Gebäude abzureißen. Endlich am 9. Juni 1831, während des Jahrmarktes zu Ehren des Hl. Antonius, konnte er das elegante Caffè einweihen.

Stilistisch war es angelehnt an den Neoklassizismus à la Schinkel und an die athenischen Propyläen, wie auch an die griechisch-römischen Basiliken. In den oberen Galerien ergänzte er den Bau mit einer Fülle von dorischen Säulen, während innen korinthische Säulen das Gebäude tragen. Der nördliche Flügel dagegen ist der ägyptischen Sphinx entliehen.

Oben:
Padua, Vorplatz zur Basilica del Santo.

Rechts:
Padua, Caffè Pedrocchi.

Das Caffè Pedrocchi wurde „Caffè ohne Türen" genannt, weil es laut Vermächtnis seines Gründers lange Zeit Tag und Nacht geöffnet bleiben mußte, um auch nächtlichen Besuchern, Marktreisenden und Kaufleuten die Möglichkeit der Erholung und Erfrischung bis zur Öffnung der Geschäfte zu bieten. Deshalb hat es bis heute nur Kristallflügel anstatt Türen.

Campari

ZONA
MEDIA

Lucca, Caffè di Simo. Ehemals Caffè Caselli. Mitte des 19. Jahrhunderts eröffnet und Treff damaliger Prominenz. Giacomo Puccini etwa widmete Alfredo Caselli, dem Sohn des Gründers, den größten Teil seiner Werke. 1929 übernahm die Familie Di Simo das kleine Juwel im „Liberty"-Stil an der meistfrequentierten Straße Luccas und nahm zu dieser Zeit einige bauliche Veränderungen vor. In seiner historischen Bezogenheit vermißt man über dem heutigen Caffè die alte Inschrift des Gründers Carlo Caselli auf weißem Marmor .

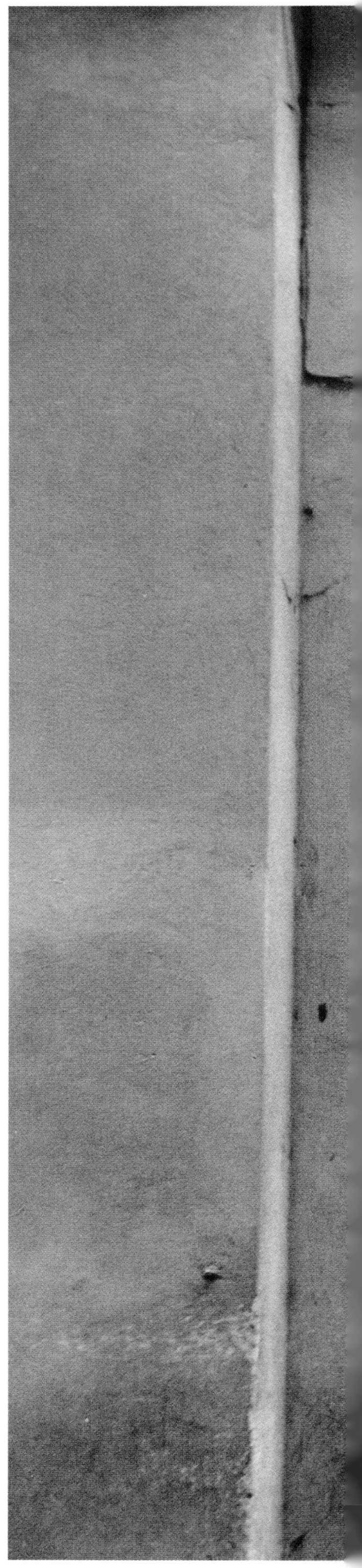

RICCI & PIERI
DI SIMO
CAFFÈ
ASTRA
CHIUSO PER FERIE
ANTICO CAFFÈ DI SIMO
GARDEN
TEA ROOM
SALA DA TÈ
SALE SUPERIORI
RICEVIMENTI
LONG DRINKS
COCKTAILS
GELATO
PASTICCERIA
PANINOTECA

Montecatini, welch reizender Ort. Mit der Ruhe einer verlassenen Goldgräberstadt. Nicht das Gold jedoch, sondern das Wasser bestimmt den Rhythmus. Zwischen acht und zwölf trifft sich die Gesellschaft zur Entschlackungskur. Statt des Cocktail-Glases der Wasserhumpen. Eine Kurkapelle schmeichelt ihre Klänge über die gepflegte Anlage. Das heilende Wasser scheint aber nur der Anlaß für den wahren Grund des Andrangs: Nirgendwo in Italien dürfte auf die Stunde genau eine intensivere Nachfrage nach caffè bestehen. Eine am Fließband arbeitende Bedienung, die nicht ohne Hektik agiert, mit der Gewißheit, daß der Spuk Punkt zwölf ein Ende hat.

Links:
Montecatini Terme, Caffè Tettuccio.

Links:
In Florenz bei Manaresi, Via dei Lamberti, nur wenige Schritte vom „Gilli" entfernt. Seit drei Generationen befinden sich Verkauf und Vertrieb von Kaffee unter einem Dach. Wenn man an der offenen Tür vorbeischlenderte, sah man Signor Guerrini, Experte in Sachen Kaffee, hinter einer voluminösen, doch genial einfachen Konstruktion aus Messing hantieren. Verschiedene Sorten – vornehmlich aus Brasilien, Venezuela und Afrika – werden als Rohkaffee in der ersten Etage gelagert, nach Bedarf geröstet und über die blitzenden Rohrleitungen auf die Waagen geleitet. Geschmack und Geldbeutel des Konsumenten bestimmen die Mischung. Privatkunden, die an Ort und Stelle kleine Mengen kaufen, wußten das Fingerspitzengefühl des Signore bei der Zusammenstellung und die hervorragende Qualität der Sorten ebenso zu schätzen wie Großabnehmer aus Bologna, Rom und sogar Paris. An der Bar kann man die Mischung des Hauses genießen: Portorico-San Domingo-Mocca.

Rechts:
Florenz, Caffè Gilli.

Oben:
Blick aus den Uffizien.

Links:
Florenz, Blick aus den Uffizien auf die Dachterrasse des Caffès Uffizien und die Piazza Signoria.

Rechts:
Perugia, Caffè Sandri.

Links:
Kaffeeverkauf im Caffè Sandri.

Die schweizer Familie Schucan, später italienisch Schucani, hat dieses Caffè seit seiner Gründung 1860 durch alle internationalen Turbulenzen bis zum heutigen Tag erhalten. Oben an der gewölbten Decke, unter den Fresken, kann auch der Besucher des Jahres 1993 die Firmenbezeichnung jener Zeit erkennen: Pasticceria-Drogheria-Confetture coloniali. Alles hinter der Theke ist Poduktion des Hauses: die zarten „Brioches", die Hörnchen, „Le Parigine" mit Butter, die „Maritozzi", Rosinenkuchen und die „Deliziosa", eine Torte mit Aprikosen-Glasur.
Man läßt es sich auch nicht nehmen, den Kaffee selbst zu rösten, und zwar mit Eichenholz als Brennmaterial – ein Verfahren, das nur mehr hier angewendet wird. Es macht den Kaffee „süßer", so Signora Carla, die Patronin des Hauses.

Links:
Rom, Antico Caffè Greco.
Seit jeher war das Caffè Greco in Rom der bevorzugte Treffpunkt deutscher Künstler; der Dichter Johann Heinse schlug sogar den Namen „Caffè Tedesco" vor. Seine Glanzzeit erlebte es im 19. Jahrhundert, als um seine Tische bedeutende Maler, Bildhauer, Musiker und Schriftsteller versammelt waren. Um 1860 bekam das Caffè sein heutiges Aussehen. Die Veduten von Venedig in der heutigen Bar stammen von Ippolito Caffi, die Bilder im zweiten und dritten Saal von Giovannini da Todi. In dem „Omnibus" genannten Saal wurden die Stuckmedaillons und -portraits versammelt, die sich im Laufe der Zeit angehäuft hatten. Mit Verordnung Nr. 189249 vom 14. 8. 1953 erklärte das Kulturministerium das Caffè Greco zu einem „Monument von historischem und nationalem Interesse".

Oben:
Chef-Kellner Carmine im Caffè Greco.

Gargano, Blick von Vieste auf das Adriatische Meer.

CAFFE'
Giovannini
"CASTELLO"
BAR

ZONA
DEL
SUD

Links:
Messina, Bar Santoro.
Antipasti, Oliven, Häppchen mit Sardellen, Schinken und Käse sind für die Mittagszeit vorbereitet.

Unten:
Messina, Pasticceria Dolce Fantasia, Via Cavour.

Links:
Neapel, Gran Caffè Gambrinus.

Rechts:
Neapel, Caffè Gambrinus, Front zur Via Chiaia.

Gambrinus ist das letzte der repräsentativen, alten, neapolitanischen Caffès. Seine Bedeutung erwuchs einerseits aus seinem Interieur, feinen Stuckarbeiten, wertvollen Kunstwerken, andererseits aus seiner Lage im politischen und urbanen Zentrum von Neapel. Auch hier wird es müßig sein, große Namen zu erwähnen, die über Jahrzehnte zu den Besuchern zählten. Der Dichter D'Annunzio schrieb dort manche seiner Verse.
Es gibt keinen Neapolitaner, ob groß oder klein, wichtig oder unwichtig, der in seinem Leben nicht einmal das Caffè Gambrinus besucht hat.

Links:
Neapel, Caffè Gambrinus, der Barist.

Oben:
Castellamare di Stabia, Mena-Bar.

Links:
Pompeji, Bar Pinio.
Schwül und unkeusch diese Nacht, wenn Deborah ihren Auftritt hat und, ungerührt von Pfiffen, im knallengen, superkurzen, taubenblauen Taftkleid über die belebte Piste rauscht.

Unten:
Pompeji, Casa dei Vettii.
Pompejis Fresken sind von überirdischer Schönheit. Noch nicht restauriert, so unvollkommen, in ihrer ursprünglichen Umgebung überwältigen die antiken Motive durch ihre Authenzität. Einige der bruchstückhaft erhaltenen Villen sind verschlossen. Lautes Fluchen zaubert einen Aufseher aus dem Nichts, nebst Schlüssel als „Sesam öffne dich". Eine Reise in die Vergangenheit beginnt.

Neapel, Hotel Vesuvio.
Hier starb der große Caruso.
Signor Eugenio Comito Viola, Chief of the Bar, seit fünfundzwanzig Jahren Angestellter, kennt das Ende des Sängers, dessen Namen der neugestaltete Speisesaal tragen wird, nur aus Erzählungen.
Der abgebildete Barraum ist mittlerweile umgebaut.

Sorrent, Caffè Fauno am Morgen. Die Brioches schmecken der Stimmung entsprechend ein wenig unausgeschlafen. Dafür duftet exzellenter caffè auf fleckenloser, lachsfarbener Tischdecke. Die Kellner hätten Grund zu freundlicherer Miene, denn das Geschäft floriert. Allerdings erst, wenn die Sonne höher gestiegen ist: Holländer hinten, Deutsche vorne, Skandinavier, Tourismus total – Limonade, Kuchen. Dann runter an den Strand. Erst nach Einbruch der Dämmerung, wenn die Stadt ihre Illumination eingeschaltet hat, sind sie alle wieder da.

Rechts:
Capri, die Faraglioni, berühmtes Maler-Motiv. Ein Trippelpfad dorthin entlang der steil abfallenden Küste ist von bizarrer Einzigartigkeit. Wer noch Kraft hat, felsauf zu klettern, erreicht das Caffè Paradiso. Beethovens Musik weist die Richtung. Ein romantisches Fleckchen mit unvergleichtlicher Aussicht ist die Belohnung.

Unten:
Am Badestrand von Sorrent. Amüsements für Kinder, die sich hier am Tischfußball vergnügen.

Oben:
Caffè freddo – eisgekühlter, gesüßter Kaffe im heißen Süden. Zum Transport über die Straße werden die Gläser mit angefeuchteten Servietten abgedeckt.

Links:
Straßenszene in Neapel.

Hochzeit in Neapel. Sonntagmorgens versammeln sich die Paare in der Galleria Umberto. Ein Windstoß, der den Brautschleier verwehte, verhalf zu diesem Photo, das so für einen kurzen Moment die sich zueinander wendenden Gesichter zeigt.

Die Auswahl der in diesem Buch aufgeführten Caffès kann nur nach persönlichen Gesichtspunkten des Autors erfolgt sein, begrenzt durch Zeit und Reiserouten.
Und: Was heute ist, muß morgen nicht mehr sein – welcher Reisende hat diese Erfahrung nicht selbst machen müssen. Da hat die Bar den Besitzer oder die Kaffeesorte gewechselt und der Barist am Nachmittag wird unter gleichen Voraussetzungen einen anderen caffè servieren als sein Kollege der Frühschicht.

Die folgenden Adressen sollen als Anhaltspunkte dienen, die zu einer Reise inspirieren, um im unerschöpflichen Reservoir italienischer Caffè-Bars seine eigene Entdeckung zu machen.

ADRESSEN

VON NORD NACH SÜD

ZONA DEL NORD

STEIN/SASSO
Albergo Sasso

BOZEN/BOLZANO
Café Heini
Lauben-Gasse

STRESA
Caffè-Pasticceria Gigi
Corso Italia

COURMAYEUR
Caffè della Posta
Via Roma, 51

AOSTA
Bar Narbonne
Piazza Narbonne

UDINE
Ristorante-Snackbar Ai Portici
Via Vittorio Veneto, 8

TRIEST/TRIESTE
Caffè San Marco
Via Battisti, 18
Caffè Tommaseo
Rive Tre Nombre, 5
Bar Tergesteo
im Palazzo Stratti
Caffè Degli Specchi
Piazza Unita d'Italia
Caffè-Pasticceria Torinese
Corso Italia - Via Roma

BERGAMO
Caffè Balzer
Portici-Sentierone, 41

BERGAMO-ALTO
Caffè-Pasticceria Cavour
Via Gombito, 7

BELLUNO
Caffè-Pasticceria Deon
Piazza dei Martiri, 31
MAILAND/MILANO
Caffè Camparino
Piazza Duomo, 21
Cova
Via Monte Napoleone

VERONA
Caffè-Pasticceria Dante
Piazza Dante.
Caffè Filippini
Piazza Erbe
Caffè-Bar Tres Corone
Piazza Bra
Caffè Tubino
Corso di Porta Borsari

VINCENZA
Gran Caffè Garibaldi
Piazza Signori

PADUA/PADOVA
Gran Caffè Pedrocchi
Via Otto Febbraio, 1848

VENEDIG/VENEZIA
Caffè Florian
Gran Caffè Quadri
Caffè Lavena
Gran Caffè Chioggia
Piazza San Marco
Harry's Bar
S. Marco, 1323

PUNTA SABBIONI
Lollo-Bar
Anlegestelle der Linea 14

ISOLA DOVARESE
Caffè-Gelateria La Crepa
Piazza Matteotti, 14

MANTUA
Caffè Caravatti
Portici Broletto, 16

PARMA
Bar Parmiglianno
Piazza Garibaldi
Pasticceria Torino
Strada Garibaldi

TURIN/TORINO
Caffè Mulassano
Piazza Castello, 15
Caffè San Carlo
Piazza San Carlo, 156
Caffè-Ristorante Torino
Piazza San Carlo, 204
Bar Zucca di Brizio
Via Roma, 294

GENUA/GENOVA
Caffè-Pasticceria Klainguti
Piazza Soziglia, 98-100 r
Confetteria Romanengo
Pietro fu Stefano
Via Sociglia 74/76 r
Bar Pippo
Via di Pré

BOLOGNA
Caffè dell'Imperiale
Via dell'Indipendenza
Bar Commercio
Piazza Re Enzo

RAPALLO
Pasticceria Massone
Piazza Cavour

SAN REMO
Bar Cordon Rouge
Caffè Sabrina
Face du Casino

RAVENNA
Bar Tazza d'Oro
Piazza del Popolo, 11

RICCIONE
Paninoteca Green
Viale Ceccarini

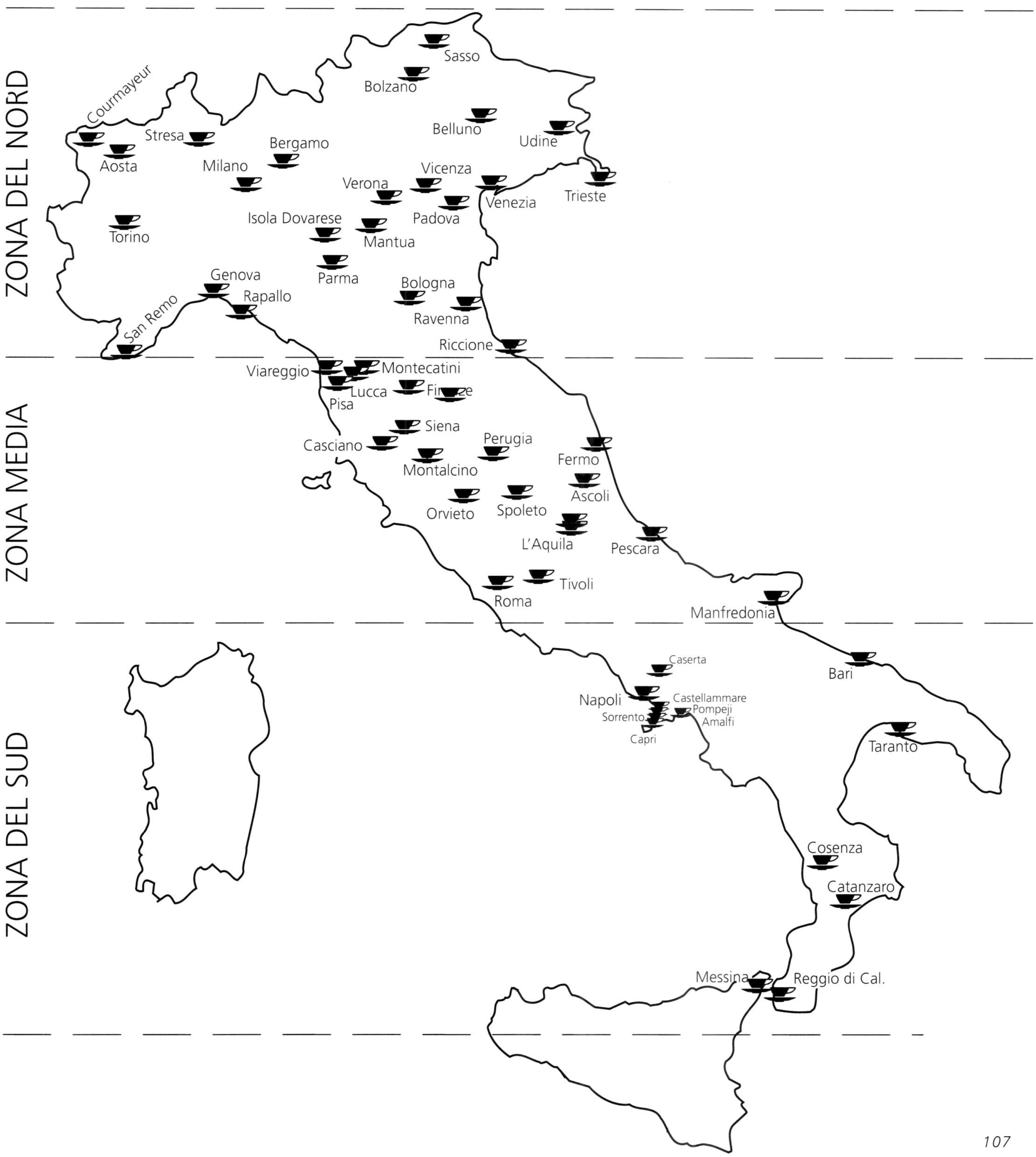
ZONA DEL NORD
ZONA MEDIA
ZONA DEL SUD
Courmayeur
Aosta
Stresa
Milano
Bergamo
Sasso
Bolzano
Belluno
Udine
Trieste
Vicenza
Verona
Venezia
Padova
Isola Dovarese
Mantua
Torino
Parma
Genova
Rapallo
San Remo
Bologna
Ravenna
Riccione
Viareggio
Montecatini
Lucca
Pisa
Siena
Casciano
Perugia
Montalcino
Fermo
Ascoli
Orvieto
Spoleto
L'Aquila
Pescara
Tivoli
Roma
Manfredonia
Caserta
Bari
Napoli
Castellammare
Pompeji
Amalfi
Sorrento
Capri
Taranto
Cosenza
Catanzaro
Messina
Reggio di Cal.

ZONA MEDIA

VIAREGGIO
Caffè-Cremeria Casablanca
Viale Giosuè Carducci

LUCCA
Caffè di Simo
Via Fillungo, 58

PISA
Bar Duomo
Piazza del Duomo

MONTECATINI
Caffè Tettuccio
Tettuccio-Thermen
vormittags geöffnet

FLORENZ/FIRENZE
Caffè-Pasticceria Gilli
Via Roma 1/R
Caffè-Pasticceria Rivoire
Piazza della Signoria
Caffè Concerto Paszkowski
Piazza della Repubblica
Caffè Manaresi
Via dei Lamberti

SIENA
Nannini
Piazza Salimbeni

PERUGIA
Pasticceria Sandri
Corso Vannucci, 32

FERMO
Luigi
Chiesa da Francesco

CASCIANO (SIENA)
Hotel-Bar Mirella

MONTALCINO
Caffè Fiaschetteria Italiana
Piazza del Popolo, 6

SPOLETO
Bar Canasta
Piazza della Liberta

ORVIETO
Caffè-Gelateria Centrale
Piazza della Repubblica

ASCOLI PICENO
Caffè Meletti
Piazza del Popolo, 18/22

L´AQUILA
Gran Caffè Eden
Via Principe Umberto
Caffè Europa
Via Principe Umberto

PESCARA
Caffè Lunik Salotto
Piazza Salotto
Bar Berardo
Hotel Esplanade,
Corso Umberto

TIVOLI
Ariston-Bar
Villa d´Este Largo Garibaldi

ROM/ROMA
Antico Caffè Greco
Via Condotti, 86
Caffè San Carlo
Via del Corso 119/121
Caffè-Pasticceria Rosati
Piazza del Popolo
Caffè Tazza d´Oro
Via degli Orfani, 84
Gran Caffè-Pasticceria Esperia
Lungo Tevere dei Mellini
Cocktail-Bar
Via Montagne delle Rocciose, Roma-EUR

MANFREDONIA
Bar Aulisa
Corso Manfredi

ZONA DEL SUD

CASERTA
Gran Caffè Vanvitelli
Piazza Vanvitelli

NEAPEL/NAPOLI
Bar Stazione Centrale
Piazza Garibaldi
Gran Caffè Gambrinus
Via Chiaia 1/2
Caffè Verdi
Via Verdi

POMPEJI
Bar Vettii
Eingang zu den Ausgrabungen

CASTELLAMARE DI STABIA
Gran Caffè Napoli
Piazza Principe Umberto

SORRENT
Fauno-Bar
Piazza Tasso

AMALFI
Bar-Pasticceria Francese
Piazza Duomo

CAPRI
Caffè Paradiso

BARI
Gran Caffè Saicaf
Corso Cavour
Caffè Cuerrieri
Corso Cavour

TARENT/TARANTO
Caffè-Pasticceria Melucci
Via C. Battisti, 192
Bar Cristallo
Cia Immacolata, 10

CIRÓ SUPERIORE
Super Bar Le Rose

COSENZA
Caffè-Pasticceria Mocambo
Corso Mazzini, 126

CATANZARO
Bar Imperiale Cocacino
Corso Mazzini

REGGIO C.
Extra-Bar
Piazza Duomo

MESSINA
Bar Santoro
Piazza Cairoli

Biographie

Walter Vogel, 1932 in Düsseldorf geboren, lernte zunächst Maschinenschlosser und wurde Ingenieur, bevor er das Photographieren zu seinem Beruf machte. 1963 ging er zu Prof. Otto Steinert an die Folkwangschule in Essen-Werden.

Erste Photos waren schon 1950 entstanden, Düsseldorf, das Ruhrgebiet, Zirkus die Themen von Reportagen bis 1968. Es folgte eine Zeit des Reisens. New York, Länder des afrikanischen und asiatischen Kontinents waren Ziele auf der Suche nach Situationen, in denen sich die Auswirkungen westlicher Zivilisation symbolhaft verdichteten.

Mit dem Umzug nach Frankfurt 1977 vollzog sich mehr als ein Ortswechsel. Veränderungen im eigenen Land, die Zerstörung des Milieus vor der eigenen Haustür sowie in den historischen Vierteln von Paris, erweiterten den Themenkatalog und waren schmerzhafte Erfahrungen zugleich. Ausflüge nach Italien, in das Reich des Caffè und die Szene der Travestie sind die vorläufigen Schlußpunkte in der Ausübung von Photographie von über vierzig Jahren.

Danksagung
Die abgebildeten Photographien entstanden zwischen 1960 und 1990

Vor anderen habe ich Petra Ellert zu danken, die als Objekt-Künstlerin in Düsseldorf lebt, die mir Zutritt verschaffte durch ihre Landes- und Sprachkenntnisse. Aber auch Alvaro Verdecchia in Fermo, der mir vor Ort Grundkenntnisse in Sachen *caffè* vermittelte und dem römischen Diplomaten-Ehepaar Gabriella und Enrico Ferroni Carli sowie Signora Antoinette Restivo-Alessi. Aber auch Deborah Donnarumma, die ich in den Ferien bei ihrer Mutter in Castellammare di Stabia traf, sowie Charlotta Eisler-Cavaldoro, die mich mit ihrem Mann in Venedig herumführte.
Nicht zuletzt bedanke ich mich bei den Geschäftsführern und Besitzern jener repräsentativen Bars, die in der Associazione Locali Storici zusammengefaßt sind, für ihr großzügiges und verständnisvolles Entgegenkommen, aber auch den Vertretern der kleinen Caffès, die dem Espresso-Touristen ihre Tür öffneten – und allen abgebildeten Personen, die sich für ein Photo zur Verfügung stellten oder zufällig mit auf ein Bild geraten sind.

Die folgenden, auch in den Adressen angeführten Lokale sind der Associazione Locali Storici d'Italia (Stand 1992) angeschlossen: Camparino, Crepa, Dante, Fiaschetteria Italiana, Florian, Gambrinus, Gilli, Greco, Klainguti, Lavena, Meletti, Mulassano, Paszkowski, Pedrocchi, Posta, Quadri, Rivoire, Romanengo, San Carlo, San Marco, Sandri, Simo, Tommaseo, Torino.
Aus deren Guide und aus dem Prospektmaterial einzelner Unternehmen wurden Informationen in den Bildunterschriften verarbeitet.

1. Auflage

Die graphische Gestaltung des Werkes
sowie der Entwurf des Schutzumschlags – unter
Verwendung der Photographie des Caffè Torino von
Walter Vogel – stammen von Jörg Eigenmann.
Das Lektorat besorgte Käthe Springer, die technische
Herstellung Peter Sachartschenko.
Druck und Bindung erfolgten bei der
Druckerei Grasl in Bad Vöslau.
Gesetzt wurde aus der Frutiger, 9 auf 13 Punkt.

ISBN 3-85447-456-3

Christian Brandstätter Verlagsgesellschaft m.b.H.
A-1080 Wien, Wickenburggasse 26,
Telephon (0222) 408 38 14-15